웅진주니어

이지유의 네버엔딩 과학 이야기

내 이름은 파리지옥

초판 1쇄 발행 2013년 5월 30일
초판 18쇄 발행 2025년 1월 27일

글 이지유 | 그림 김이랑
발행인 이봉주 | 콘텐츠개발본부장 안경숙 | 책임편집 전소현 | 편집 공상희 | 디자인 하늘·민
마케팅 정지운, 박현아, 원숙영, 황지영, 김지윤 | 제작 신홍섭
펴낸곳 (주)웅진씽크빅 | 주소 경기도 파주시 회동길 20 (우)10881
문의전화 031)956-7523(편집), 031)956-7569, 7570(마케팅)
홈페이지 www.wjjunior.co.kr | 블로그 blog.naver.com/wj_junior | 페이스북 facebook.com/wjbook | 트위터 @new_wjjr
인스타그램 @woongjin_junior | 출판신고 1980년 3월 29일 제 406-2007-00046호 | 제조국 대한민국 | 사용연령 7세 이상

ⓒ이지유, 김이랑 2013
ISBN 978-89-01-15523-4 74400 | 978-89-01-15647-7 74400 (세트)

웅진주니어는 (주)웅진씽크빅의 유아·아동·청소년 도서 브랜드입니다.
이 책은 저작권법에 따라 보호를 받는 저작물이므로 무단전재와 무단복제를 금지하며, 이 책 내용의 전부 또는 일부를 이용하려면 반드시 저작권자와 (주)웅진씽크빅의 서면동의를 받아야 합니다.

잘못 만들어진 책은 바꾸어 드립니다.
※주의 1_책 모서리가 날카로워 다칠 수 있으니 사람을 향해 던지거나 떨어뜨리지 마십시오. 2_보관 시 직사광선이나 습기 찬 곳은 피해 주십시오.

이지유의 네버엔딩 과학이야기

내 이름은 파리지옥

글 이지유 | 그림 김이랑

웅진주니어

 작가의 말

파리지옥에게 말을 걸어 보세요!

식물은 정말 놀라운 생명체입니다. 햇빛과 물과 이산화탄소를 재료로 당과 산소를 만드는 놀라운 능력을 가졌으니까요. 그것이 바로 광합성이지요. 우리 콧속으로 들어온 산소는 광합성을 하는 식물들이 열심히 만들어 낸 것이랍니다.

지구상에는 다양한 환경에 적응한 수많은 식물이 살고 있어요. 한곳에 뿌리를 내리고 평생 움직이지 못하지만 씨를 날려 자손은 먼 곳으로 보내고, 그것도 모자라 어떤 식물은 뿌리를 물이 있는 쪽으로 뻗어 마치 옮겨 다니는 것처럼 보이지요. 이렇게 다양한 식물 중에서 가장 매력 있는 것은 역시 식충 식물일 거예요.

열대 지방에 있는 밀림에 가면 크기도 크고 빛깔도 아름다운 파리지옥풀이 있어요. 파리지옥풀이 곤충을 잡는 부분은 잎이 변해서 생긴 것이고, 잎의 크기에 따라 두 번에서 일곱 번까지 곤충을 잡을 수 있답니다. 그다음에는 잎이 시들어 바닥에 늘어지고 말아요. 대신 같은 뿌리에서 새로운 잎이 생겨나지요. 곤충을 꼭 물고 있는 파리지옥풀을 보고 있노라면 이 식물에게 생각이 있는 것은 아닌가 궁금해져요. 마치 뭔가 생각하고 있는 것 같아 보이거든요. 그래서 나는 식물원에 살고 있는 파리지옥풀에게 나도 모르게 이렇게 물은 적도 있답니다. "너 뭐 먹고 있니?" 물론 파

리지옥풀은 대답하지 않았고, 꼭 다문 '잎' 사이로 삐져나온 털 달린 다리로 보아 그것이 파리라는 것을 추측할 수 있을 뿐이었죠. 하긴 대답하다 파리를 놓치면 안 되니까, 질문을 한 제 잘못이겠죠. 그런데 어찌 된 일일까요? 그 파리지옥풀이 이렇게 텔레파시를 보내더라고요. '이 파리를 먹고 나는 시들 거야!' 나는 깜짝 놀랐어요. 아니나 다를까 파리지옥풀 잎들 사이로 어린잎이 보이더라고요. 그걸 보는 순간 다시 나도 모르게 이렇게 말했답니다. "그, 그렇구나. 내가 네 이야기를 써 줄게." 나는 너무 당황해서 그만 그 파리지옥풀에게 이름도 묻지 않고 집으로 달려왔지 뭐예요. 그래서 이 이야기 주인공의 이름은 그냥 파리지옥으로 두기로 했답니다.

만약 밀림이나 식물원 또는 꽃집에서 파리지옥풀을 만났다면, 말을 걸어 보세요. 식물에 관한 놀라운 이야기를 들려줄 거예요.

2013. 5. 이지유

여기는 태양시 지구 밀림동 늪지대입니다.
얼마 전 나온 베스트셀러 '내 이름은 파리지옥'의 저자
파리지옥이 사는 곳이죠.
아니, 살았다고 해야 하나요?
아휴, 이곳은 정말 덥고 바람도 안 불고 눅눅하군요.
자, 그럼 지금부터 우아한 식충 식물 파리지옥의 일생을 들어 보실까요?

참, 파리지옥은 치료 불가능한 공주병 환자라고 합니다.
그걸 생각하며 들어 주세요. 그럼, 이만.

차례

작가의 말 …… 2

내 이름은 파리지옥 …… 8

수다쟁이 치즈잎을 만나다 …… 16

강합송이 아니라 광합성이야! …… 27

식물이 곤충을 먹는다고? …… 36

밀림 지킴이 천둥소리를 만나다 …… 50

파리지옥 다시 태어나다! …… 64

내 이름은 파리지옥

내 이름은 파리지옥!
내 아름다운 잎은 두 장이 마주 보고 있고 반들반들 윤이 나.
잎이 마주 붙은 곳은 빨갛고, 잎 끝으로 갈수록 초록색으로 변하지.
잎 끝에는 기다란 속눈썹을 닮은 우아한 가시들이 솟아 있고,
가시의 밑부분에는 세상에서 가장 향기로운 액체가 나오는 구멍이 있단다.
아~
이렇게 아름다운 나를,
이렇게 향기로운 나를,
파리지옥이라고 부르다니
정말 믿을 수가 없어!
하지만 어쩌겠니, 그게 내 이름인 걸.
하긴 내가 파리 같은 곤충을 잡아먹긴 하지.

사람들은 내가 아름답고 향기는 좋지만,
그걸 미끼로 곤충을 잡아먹는 무시무시한 식충 식물이라고 알고 있어.
이것도 참 억울한 일이야.
나는 아무 생각 없이 곤충을 막 잡아먹는
무자비한 식물이 아니란 말이야.
사실 난 곤충을 먹지 않아도 살 수 있어.
하지만 내 잎을 반들거리게 하고
향기를 더 강하게 뿜으려면 곤충이 필요하단다.
곤충은 비타민이라고나 할까.
아, 곤충을 못 먹으면 나는 윤기와 향기를 잃을 거야.
잎도 얇아지고 줄기도 가늘어지겠지.
뭐, 그것도 나쁘진 않아.
나는 어떤 순간에도 아름답다고. 호호~

좋아, 그럼 내가 어떻게
곤충을 잡는지 알려 줄게.
곤충이 내 향기에 끌려 잎에 앉으면
나는 잠시 곤충을 느껴 본단다.
난 아무거나 잡아먹지 않거든.
너무 작고 가벼운 곤충은
잡아도 별 소용이 없어.
영양소가 조금밖에 없으면 손해잖아.

그러나 잎에 앉은 곤충이 크다면
그때는 인정사정없지.
잎을 탁 닫고 곤충이
빠져나가지 못하도록 해.
곤충이 발버둥 치면 칠수록
더 꼭 잎을 닫아.
그리고 버티기 한 판!

뭐라고? 곤충이 큰지 작은지 어떻게 아냐고?
다 방법이 있지.
내 잎에는 작고 부드러운 가시가 잎마다 세 개씩 있어.
잎에 내려앉은 곤충이 가시를 하나 건드리면 나는 잠시 기다려.
하지만 10초 안에 두 번째 가시를 건드린다면 그땐…… 팍!
가시를 두 번 건드렸다는 것은 그만큼 곤충이 크다는 뜻이거든.
반대로 가시를 두 번 건드리지 않는 곤충은
가시 사이로 빠져나갈 만큼 작다는 뜻이야.

사람도 위와 장 속에서 이런 일을 해.
사람은 음식을 위에서 녹이고,
나는 잎에서 녹이지. 어때? 별 차이 없지?
난 곤충을 녹인 다음 알뜰하게
흡수해서 영양소로 쓰지만
사람은 다 흡수하지 못해서 똥을 싸잖아.
난 안 그래. 난 완벽해. 호호.

곤충을 잡은 뒤에는 곤충을 녹이는 소화액이 나오도록 해.
소화액은 아주아주 강력해서 곤충을 금방 녹이고 말지.
사람으로 치면 위액과 같은 거야.
곤충이 다 녹으면 그 액체를 흐으읍!
나는 이런 방식으로 두 번이나 큰 곤충을 잡았어.

수다쟁이 치즈잎을 만나다

어느 날이었어. 어디선가 딱딱하고 큰 물건이 내 잎 끝을 아슬아슬하게 스치고 땅에 떨어졌어. 나는 정말 기분이 나빴어.

야! 너 누구야!!!

하마터면 우아한 가시가 부러질 뻔했거든. 커다란 콩깍지 안에는 작은 씨가 가득 들어 있었어.

털썩

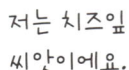

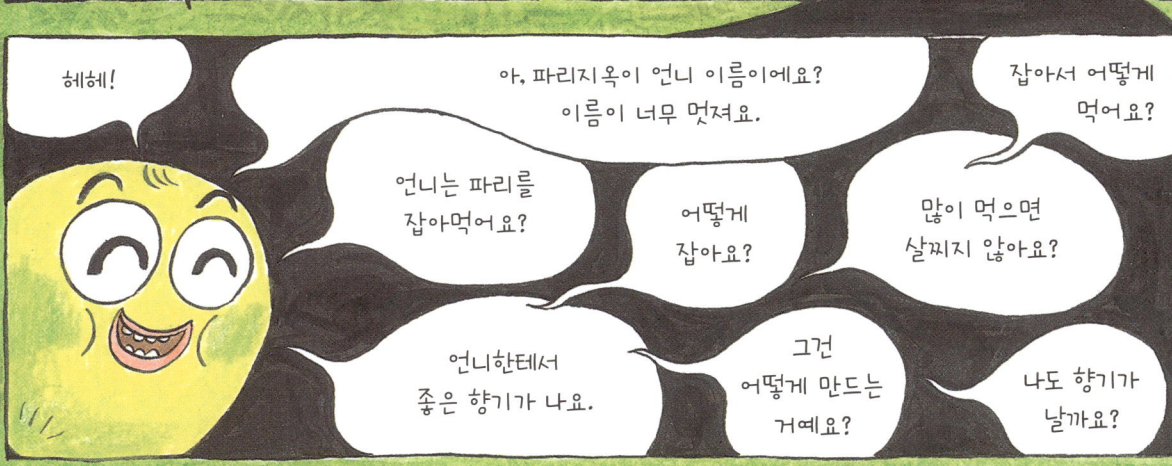

나는 내 이름을 가르쳐 준 걸 바로 후회했어.
내가 한 마디 하면 이 씨앗은 열 마디를 하는 거야.
그리고 틈만 나면 뭘 그리 묻는지.
정말 어린 씨앗들은 귀찮다니까.

다음 날 날이 밝았어.
그런데 웬일인지 씨가 조용했어.
은근히 걱정스럽지 뭐야.
그래서 불렀지.

씨는 여전히 말이 없었어.
그런데 씨가 벌어지더니 그 속에서 파란 머리가 쏘옥 나왔어.
아니, 초록 머리라고 해야겠지.

초록 머리는 어느 쪽으로 가야 할지 생각하는 것 같았어.
이상하게도 초록 머리는 그늘을 찾고 있었어.
원래 새싹은 햇빛을 좋아하는데 초록 머리는 좀 다르더라고.
초록 머리가 내 앞을 슬금슬금 지나갔어.

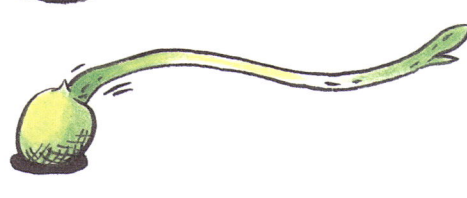

씨는 내 옆에 그대로 있었지만 초록 머리가
계속 자라면서 나무 아래로 가고 있었지.

난 너무나 놀랐어. 이런 광경은 한 번도 본 적이 없었거든.
나는 태어나서 줄곧 이 자리에만 있었어.
나는 다른 곳으로 기어가는 초록 머리가 부러웠어.
물론 저렇게 우아하지 않은 모습은 별로 부럽지 않지만 말이야.

해가 질 무렵 어디선가 힘없는 소리가 들렸어.
"아, 겨, 겨우 닿았다. 파리지옥 언니, 나, 나는 이제 살 수 있어요.
기어 올라갈 나무를 찾았으니까요. 휴우."
주위를 둘러본 나는 소스라치게 놀랐어.
나무를 찾지 못해 죽어 가는 싹들이 많았기 때문이야.
씨에 있는 영양분으로는 2미터 이상 갈 수 없었던 거지.
다른 초록 머리들은 다 말라 죽어 가고 있었어.

다행히 수다쟁이 초록 머리는 나무 밑동에 도착했지.
너무나 다행이라는 생각이 들었어.
"힘도 없는 애가 뭘 그렇게 말이 많니? 조용히 하고 쉬어.
정신을 차려야 내일 또 자라지."
"어, 언니 제 걱정을 해 주시다니…… 고, 고마워요."
"내가 무슨 네 걱정을 한다고 그러니? 얼른 쉬기나 해."
수다쟁이 초록 머리는 잠이 들었는지 조용히 말이 없었어.

나는 수다쟁이 초록 머리를 지켜보느라 배가 고픈지도 몰랐어.
그런데 갑자기 느낌이 왔어.
파리가 내 잎에 내려앉은 거야.
그럼, 그렇지.
내 향기는 역시 최고야.
나는 지체 없이 잎을 닫았어.
어둠이 밀려오고 있었어.
어둠과 함께 알 수 없는 느낌이 밀려왔어.
수다쟁이 초록 머리가 내일은 무슨 일을 할까?
앗, 내가 무슨 생각을 하고 있는 거야.
내가 다른 식물에게 관심을 두다니 말이야.
난, 나를 가꾸는 시간도 모자라다고.

강합송이 아니라 광합성이야!

파리지옥 언니. 날 봐요.
잎이 나왔어요. 잎이에요. 잎! 초록색 잎!
어제는 기운이 하나도 없었는데
오늘은 기운이 막 나요.
잎에서 무슨 일이 벌어지나 봐요.
기분이 너무 좋아요. 언니~

나는 정말 깜짝 놀라서 일어났어.
어찌나 깊이 잠이 들었는지 향기로운 즙이
흘러내리고 있다는 것도 몰랐지.

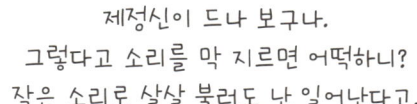

제정신이 드나 보구나.
그렇다고 소리를 막 지르면 어떡하니?
작은 소리로 살살 불러도 난 일어난다고.

정신을 차리고 잘 살펴보니 정말 초록 머리에게
잎이 생겼더군. 정말 작고 앙증맞은 잎이었지.
나도 이런 생각을 하게 될 줄 몰랐지만, 귀엽더라.

뭐, 아주 맘에
들진 않지만
그 정도면 귀엽네.

"이산화탄소와 물이 있으면 재료는 준비된 것이나 다름없어.
햇빛은 이 재료를 요리할 불이 되는 거야.
우리 식물들은 햇빛을 골고루 사용하고 있단다.
햇빛은 일곱 가지 색으로 이루어져 있는데
우리가 이용하지 않는 색이 딱 한 가지 있어. 바로 초록색이야.
식물의 잎에서는 햇빛을 알뜰하게 쓰고 초록색만 쓰지 않고 돌려보내.
그래서 잎이 초록색으로 보이는 거지."
"우와, 우와, 내가 왜 초록색인지 알겠어요. 나는 초록색을 쓰지 않아요.
빨간색, 주황색, 노란색, 파랑색, 남색, 보라색을 다 광합성하는 데
쓰지만 초록색만 쓰지 않아요. 그래서 내가 초록색이에요. 우와, 정말
대단해요. 파리지옥 언니 천재예요. 우와, 초록색 만세!"

뭐가 만세라는 건지 모르겠지만 내가 천재라니 기분이 아주 좋더라고. 아름다운 내가 천재라는 거잖아. 수다쟁이 초록 머리가 식물 보는 눈은 좀 있는 것 같지 않아? 호호~

나는 천재라는 소리에 살짝 감동받아
신이 나서 마구 떠들었지.
"우리 식물의 조상은 30억 년 전 바다에서
생겼단다. 그때 이산화탄소와 물과 햇빛을
이용해서 설탕을 만든 거야.
정말 놀랍지 않니? 눈에 보이지도 않는
이산화탄소를 설탕으로 만들었다고.
그것이 바로 광합성이야.
이런 일을 하는 생물은 식물밖에 없어."
이렇게 말하고 나니까 나는 내가
식물이라는 것이 너무나 자랑스러워졌지.

그때였어. 어디선가 커다란 파리가 내 잎에 내려앉았어.
이건 기회야. 나는 얼른 잎을 닫으며 소리쳤어.
"얘, 수다쟁이야. 나 밥 좀 먹자. 이따 설명해 줄게."
"네, 언니. 얼른 식사하세요. 그런데 저는 언제 파리를 먹을 수 있어요? 뿌리가 점점 많이 나나 봐요. 정말 근지러워요.
아, 나는 나무를 타고 위로 올라가고 싶어요.
왠지 그래야 할 것 같아요. 햇빛이 날 부르고 있어요.
언니, 정말 행복해요."
수다쟁이 초록 머리는 내가 파리를 다 먹을 동안 계속 떠들어 댔지.
식사를 마치자 해가 졌어.
수다쟁이는 잠이 들었는지 조용했지.
오늘 네 번째 곤충을 먹었어.
왠지 기분이 이상하네.
수다쟁이는 곤충을 먹어 보고 싶어 하지만 못 먹을 거야.
난 원래 곤충을 먹도록 태어났지만 수다쟁이는 그렇지 않거든.
나는 갑자기 궁금해졌어.
나는 왜 곤충을 먹어야 하는 걸까?
아, 졸려.

식물이 곤충을 먹는다고?

그날 밤, 나는 꿈을 꾸었어. 바닷속이었어.
조상들이 꿈에 나타났지 뭐야.
너무 작아서 보이지도 않는 세포들이었어.
세포 가운데 초록색인 것이 있었어.
세포들은 서로 모여 덩어리를 이루었지.

그중에 하나가 바닥에 뿌리를 내리고 크게 자라기도 했어.
어떤 것은 작지만 떼 지어 둥둥 떠다니기도 했지.
육지로 올라온 것도 있었단다.
초록색 식물이 황토색 육지를 차지하기 시작했어.
시간이 흘러 흘러 고사리, 쇠뜨기,
잎이 좁은 나무와 넓은 나무가 생겼지.

나의 조상은 운이 나쁘게도 물이 질척거리는 늪지대에 뿌리를 내렸어.
해가 잘 들지 않는 곳이었지.
늪지대라 물은 풍부했지만 햇빛이 모자라 광합성을 충분히 할 수 없었어.
또 식물에게 꼭 필요한 영양분이 부족했지. 그런 건 흙에 많이 있거든.
우리 조상은 비실비실 살다가 여럿이 죽었어.
그러다 아주 놀라운 일이 일어났어.
어떤 조상이 썩은 곤충 옆에 있었는데 어쩐 일인지 기운이 나고
잎에 생기가 돌았던 거야. 썩은 곤충이 양분이 되었던 거지.

조상들은 이제 죽은 곤충을 기다릴 것이 아니라 살아 있는
곤충을 잡아야겠다고 생각했어.
처음에는 어려웠지만 곤충을 잡고 소화하는 기술을 익히고 또 익혔지.
그런 능력을 물려받은 자손은 그 기술을 더 발전시켰어.
그렇게 여러 자손이 태어나고 죽고, 또 태어나고……
드디어 내가 나타났어.
꿈속에 나와 다른 형제자매들이 한 그루에
붙어 있는 모습이 눈앞에 펼쳐졌어.
아, 그 아름다운 모습이란!
난 다른 식물과 달라.
나는 늪지대에서 꿋꿋하게 살아남은 조상의 자손이야.
정말 기분이 좋았어.
그 수다쟁이가 깨우기 전까지는 말이야.

끈끈이주걱

우리는 끈끈한 즙에 곤충이 붙으면 한번에 냠냠!

그럼 힘을 내서 잡아 볼까?

긴잎끈끈이주걱

끈적

"넌 좋겠다. 기운이 넘쳐서."
수다쟁이는 정말 키가 더 커졌더라고.
큰 나무에 딱 붙어서 나무를 타고 올라가고 있었던 거야.
잎도 더 커지고 그 위에 잎이 하나 더 생겼어.
나는 갑자기 부러웠어.
나는 한 번도 이 자리를 떠난 적이 없는데 수다쟁이는 그렇지 않았거든.
물론 동물처럼 이리저리 움직일 수 있는 건 아니야.
그래도 키가 크면 더 높은 곳에서 내려다볼 수 있잖아.
나도 모르게 이렇게 소리쳤어.
"너는 높은 곳까지 올라가서 좋겠다."

괜히 말했나?
내가 자기를 부러워한다는 걸
알아차린 건 아니겠지?

위에서 보는
풍경은 어떨까?

"파리지옥 언니, 내가 본 것을 다 말해 줄게요. 저 멀리 잎이 뾰족하게 생긴 식물이 있어요. 잎이 다 달라요. 색도 조금씩 다르고 모양도 달라요. 그래도 다 초록색이에요. 근데 왜 잎 모양이 다 다르죠?"
나는 잎 끝에 있는 가시를 윤이 나게 닦고 있었어.
투두둑.
비가 오기 시작했어. 여기 밀림에선 시도 때도 없이 비가 와.
한 번 오면 커다란 호수가 통째로 떨어지는 것 같지.
그 비를 바로 맞으면 가지가 부러질 수도 있어.
다행인 건 키가 큰 나무들이 먼저 그 비를 맞아.
잎이 넓은 나무들이 비를 맞고 빗물을 아래로 떨어트린단 말이야.

그러면 폭포처럼 빗물이 내려와도 바닥에 있는 식물은 큰 피해를 입지 않을 수도 있어. 하지만 수다쟁이처럼 어린잎은 찢어질지도 몰라.
"얘, 수다쟁이야. 너 괜찮니?"
"네, 괜찮아요. 물이 하늘에서 떨어져요. 물은 땅에 있는 것 아니었어요? 너무 신기해요. 우와! 저 커다란 나뭇잎 좀 보세요. 물이 잎 가운데로 모이더니 골을 따라 잎 끝으로 주루룩 떨어지고, 저 잎은 가늘게 갈라져 있어서 물이 그 사이로 다 새요. 그래서 저 큰 잎들이 찢어지지 않나 봐요. 아, 이제 왜 잎이 다 다르게 생겼는지 알 것 같아요. 근데 언니, 하늘에 물이 이렇게 많은데 뿌리가 왜 필요한 거예요?"

나는 잠시 할 말을 잊었어.
나는 나 말고는 다른 식물의 잎을 살펴본 적이 별로 없거든.
그런데 초록 머리는 식물마다 잎이 다르다는 것도 알고 잎이
왜 그런 모양으로 생긴지 이유도 알아낸 거야.
나는 내가 모르는 것이 있다는 것을 들키고 싶지 않았어.
"하늘에서 물이 떨어지는 걸 비라고 해. 이런 걸 비가 온다고 하는 거야.
너는 똑똑한 것 같다가도 멍청한 말을 하더라."
그냥 똑똑하다고 할걸, 멍청하다는 소리는 왜 했을까?
뭐, 어때. 수다쟁이가 비를 모르는 것은 맞잖아.

"뿌리가 왜 필요하냐면 날마다 물을 먹어야 하기 때문이야.
비는 날마다 오지 않잖아. 하지만 땅속에는 물과 흙이 섞여 있어.
그 물을 잔뿌리가 흡수하는 거지. 그리고 뿌리가 없으면 식물이
쓰러지고 말아."
나는 내가 아는 것을 아주 길게 말했어.
설명을 하고 나니 왜 그런지 내 뿌리가 근질거렸어.
언뜻 보니 뿌리에 뭔가가 났어. 이게 뭘까?

하지만 생각할 사이도 없이 초록 머리가 재잘거렸지.
"우와, 언니는 아는 게 정말 많아요. 천재예요.
그런데 햇빛이 안 나니까 기운이 없어요. 해는 언제 나요?"
"비가 그치면 해가 날 거야. 조금만 기다려."
오늘도 수다쟁이가 나를 천재라고 칭찬을 해 줬어.
그런데 어제만큼 기분이 좋지 않네.
내가 아까 초록 머리를 칭찬해 줬던가?
잎의 모양에 대해 대단한 것을 알아냈다고 말이야.
안 했나? 내일 해 주지 뭐.
커다란 왕개미 한 마리가 내 잎으로 기어 올라왔어.
아마 비를 피하려고 왔나 본데, 번지수를 잘못 찾으셨군.
나는 얼른 잎을 닫았어.

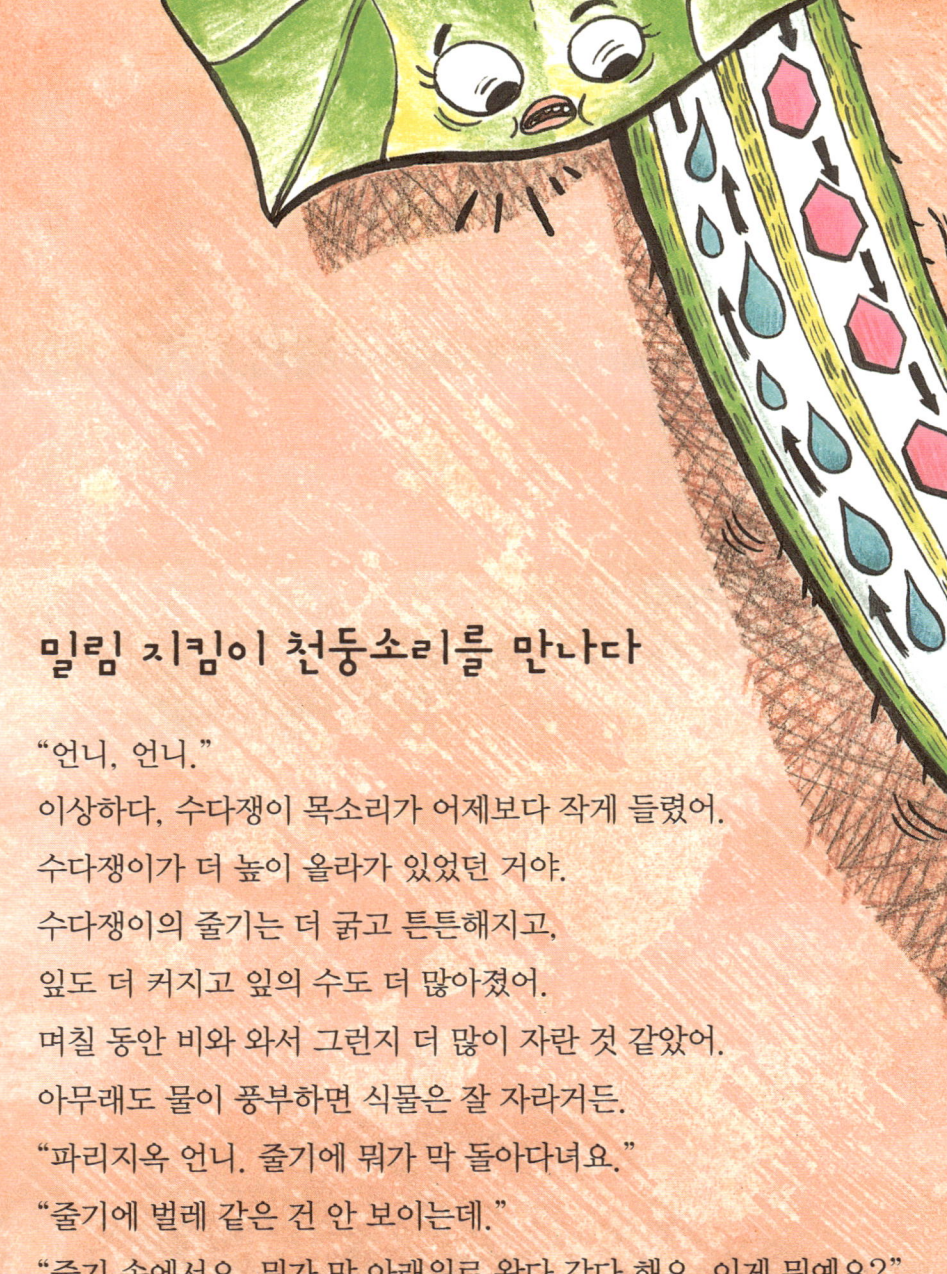

밀림 지킴이 천둥소리를 만나다

"언니, 언니."
이상하다, 수다쟁이 목소리가 어제보다 작게 들렸어.
수다쟁이가 더 높이 올라가 있었던 거야.
수다쟁이의 줄기는 더 굵고 튼튼해지고,
잎도 더 커지고 잎의 수도 더 많아졌어.
며칠 동안 비와 와서 그런지 더 많이 자란 것 같았어.
아무래도 물이 풍부하면 식물은 잘 자라거든.
"파리지옥 언니. 줄기에 뭐가 막 돌아다녀요."
"줄기에 벌레 같은 건 안 보이는데."
"줄기 속에서요. 뭐가 막 아래위로 왔다 갔다 해요. 이게 뭐예요?"
그때였어.
어디선가 천둥이 치는 듯한 소리가 들려왔지.
그 소리는 분명 수다쟁이가 타고 올라가는 나무에서 들렸어.

아, 끼어들어서 미안! 난 그저 알려 주려고 했을 뿐인데. 나는 저 수다쟁이가 기어오르고 있는 나무야. 이름은 천둥소리.

나는 기분이 나빴어.
그동안 우리 이야기를 다 듣고 있었다는 거잖아.
그런데 왜 여태껏 아무 말도 안 하다가 이제 끼어드는 거지?
내가 기분 나빠하고 있는데 눈치 없는 수다쟁이가 인사를 했어.

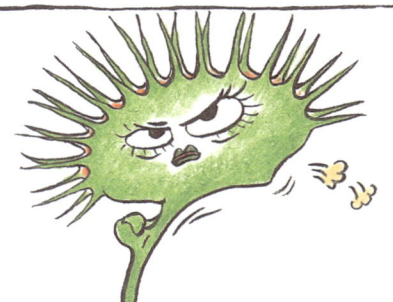

우와, 목소리가 정말 크시네요. 천둥소리 씨 반가워요. 저는 수다쟁이 치즈잎이에요. 줄기 속에서 물이랑 설탕물이 지나다니다니 정말 신기해요. 천둥소리 씨는 어떻게 그렇게 잘 알아요? 이 숲에는 천재들만 사나 봐요.

천재는 무슨.
나처럼 오래 살면 그냥 알게 되는 거야.
나는 너희 부모님도 알아.
부모님을 닮아 너도 말을
아주 잘하는구나.

뭐야, 기분 나쁘게 나만 빼놓고 이야기를 하다니……

이것 보세요.
줄기가 하는 일쯤은
저도 알고 있다고요.
내가 말하려고 하는데
왜 끼어드는 거예요?

아, 미안해요. 파리지옥 씨.
하도 재미있게 이야기하길래,
나도 좀 끼고 싶었어요. 여기서
오래 살다 보면 좀 심심하거든요.

뭐, 그렇게
말씀하시니
용서해 드리죠.
그런데 얼마나
오래 사셨어요?

한 100년쯤 살았나.
파리지옥 씨 부모님의 부모님의
부모님도 다 알아요.
모두 이 밀림에서 유명하셨지요.
파리도 잡고, 벌도 잡고,
나 같은 나무는 생각도 못하는 일이죠.

그럼 그렇지.
천재는 아니어도 뭘 좀 아는 나무네.
나는 우쭐했어.
식충 식물만 가진 능력을 알아주니 기분이 좋더라고.
그것도 100년이나 산 나무가 날 칭찬하잖아.

잠깐, 100년이라고?
그건 얼마나 긴 세월이지?
가만, 나는 곤충을 다섯 마리 잡아먹었으니까
이제 두 마리 더 먹을 수 있겠네.
그런데 그다음은 어떻게 되는 거지?
갑자기 가슴이 답답해졌어.
곤충 일곱 마리를 먹으면 그다음에는 어떻게 되는 거지?

한 번도 생각해 본 적이 없어.
생각에 잠겨 있는데 곤충 한 마리가 내 잎에 내려앉았어.
하지만 나는 잎을 닫지 않았어.
가시를 한 개만 건드렸기 때문이지.
아주 작은 곤충이었던 거야.
오늘은 그냥 굶어야겠어.

또 무슨 일이니?

쟤 때문에 아침이 무서워!

으악! 으악!!!
언니! 파리지옥 언니!
살려 줘요.
천둥소리 씨 살려 줘요.

벌레가, 벌레가 내 잎을 먹어요. 엉엉~ 나 어떡해요. 살려 주세요.

그러고 보니 어떤 애벌레가 수다쟁이의 어린잎을 갉아 먹고 있었어.

쩝쩝… 갸작갸작 갸작 갸작갸작

근데 저 벌레 낯이 익는데……
어디서 봤더라……

애벌레는 정말 정성껏 잎을 먹더군.
저러다 수다쟁이가 죽겠다는 생각도 들었어.
곤충을 비타민처럼 먹는 나로서는
뭐라고 말해야 할지 몰랐지.
잎이 벌레에게 먹힐 수도 있구나.
참 알 수 없는 일이야.

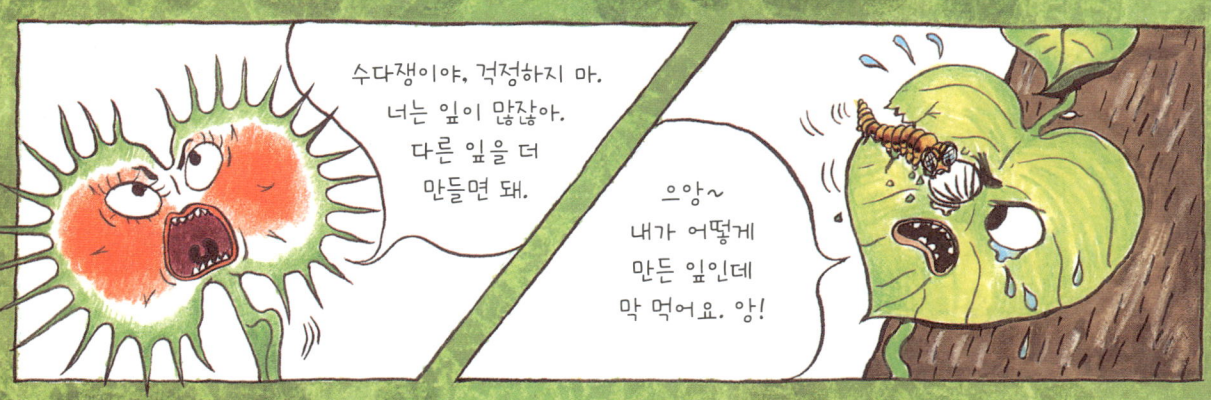

조금만 있어 봐.
이제 곧 널 살려 줄 것이 올 거야.

그때 천둥소리가 한마디 했어.
천둥소리의 말이 끝나자마자, 알록달록 깃털을
단 새들이 무리 지어 나타났어.
새들은 천둥소리의 가지에 앉아 무엇인가를 쪼기 시작했지.
벌레를 잡아먹고 있었던 거야.
우와, 살았다. 이제 새들이 수다쟁이 잎에 붙은 벌레만
먹으면 되는 거잖아. 만세!
뭐야? 내가 수다쟁이 말투를 닮아 가고 있다니.
정말 어떻게 된 거 아니야?
마침내 새가 수다쟁이의 잎을 먹던 벌레를 콕 쪼아 먹었어.

"우와, 살았다. 살았다. 만세!"
새들이 다른 가지로 옮겨 가자 수다쟁이가 말했어.
"얘, 너는 이제 말 좀 그만하고 빨리 잎을 키워.
잎이 많으면 걱정 안 해도 되잖아."
"네, 언니. 그럴게요, 그럴게요."
쟤는 꼭 같은 말을 두 번 한다니까.
수다쟁이는 열심히 광합성을 하는 것 같았어.
천둥소리는 새들이 오는 것을 알고 있었나 봐.
그러니까 동동거리는 우리를 보고도 아무 말이 없었지.
그러니까 더 화가 났어. 미리 말해 주면 좋잖아.

"새들이 오는 걸 알고 계셨어요?"
"알고 있었지요. 100년째 같은 날, 같은 시간에 오거든요.
새들의 어머니 아버지도 다 그랬어요."
천둥소리가 느릿느릿 말했어.
"새들의 부모님도 다 안단 말이에요?"
"알지요. 새들은 이맘때 와서 둥지를 짓고 알을 낳아요.
알을 깨고 새끼들이 태어나면 벌레가 많이 필요하지요.
새끼들은 먹는 것 말고는 할 줄 아는 게 없으니까요. 먹어야 크죠."
천둥소리는 계속 이야기를 했어.
"모든 아기 새가 다 어른이 되지는 못해요. 다른 동물의 먹이가 되기도 하거든요.
좀 더 큰 동물은 더 큰 동물의 먹이가 되고, 아주 큰 동물은 죽어서 썩고,
썩은 동물은 작은 생물이 먹고, 남은 것은 우리 식물의 양분이 되죠."

천둥소리의 이야기를 듣고 있으니
뭔가 대단한 것을 알게 된 것 같았어.
밀림에 있는 모든 식물과 동물이
연결되어 있다는 느낌이었지.

아, 그러고 보니 나도 잎이랑 가시를 좀 손질해야겠어.
오늘 아침부터 긴장하고 있었더니 윤기가 안 나네.
엉망이야. 기운도 없고.
어제 굶어서 그런가?
그때였어. 마침 하늘에서 애벌레가 한 마리 떨어졌어.
어디서 떨어진 거지? 새가 놓쳤나?
무슨 상관이람. 내가 먹으면 그만이지.
나는 여섯 번째 벌레를 먹었어.
어제 굶어서 그런지 정말 맛있었어.
내 잎에는 다시 윤기가 돌고 색도 진해졌어.
달콤한 향이 가득한 즙도 충분히 나왔어.

파리지옥 다시 태어나다!

나는 용기를 내기로 했어.
오늘은 천둥소리에게 물어볼 거야.
내가 마지막 곤충을 먹으면 어떻게 되는지.
나는 긴장하고 있다는 것을 보이고 싶지
않았어. 그래서 좀 높은 목소리로 물었지.

"천둥소리 씨. 뭐 좀 물어볼 게 있는데요. 그냥 대수롭지 않은 거예요."

"뭐든지 물어보세요. 내가 아는 거라면 다 알려 드릴게요."

"별건 아닌데요. 혹시, 제가 곤충을 일곱 마리 먹으면 무슨 일이 벌어지는지 아세요?"

내 질문이 끝났는데도, 한동안 천둥소리는 아무 말이 없었어.
나는 아무 말 없는 것이 아주 어색했어.
그래서 또 말을 했지.

"뭐, 모르면 말 안 해 줘도 돼요. 전 혹시 알고 있나 해서요."

"알고 있어요. 파리지옥 씨는 크고 건강하니까 곤충을 일곱 번 잡을 수 있지요. 그건 자연의 규칙이에요. 누가 만들었는지는 모르지만······."

파리지옥 씨가 아름다운 잎과 향기로운
냄새를 뿜을 수 있는 것은 그때까지예요.
일곱 번째 곤충을 먹고 난 뒤 그 영양소가
다 떨어지면 윤기는 사라지고 잎도 작아져요.
점점 생기를 잃고 초록 잎과 줄기는
황토색으로 말라비틀어지고 말 거예요.
파리지옥 씨 뿌리 쪽을 보세요. 옛날에 당신의
자매였던 파리지옥이 쓰러져 있을 거예요.

그 말을 듣고 아래를 본 나는 깜짝 놀랐어.
말라비틀어진 풀이 널브러져 있었어.
그 끝은 내 뿌리와 같이 붙어 있었지.
내가 이렇게 된단 말이야?

이렇게
아름다운 내가……
나는 믿을 수 없었어.

아니,
믿고 싶지 않았어.

나는 괜히 물어봤다고 생각했어.
이런 말을 들으려고 물은 건 아닌데.
저렇게 시들고 싶지 않아.

너무 놀라지 말아요. 파리지옥 씨.
식물은 누구나 그렇게 말라 죽는답니다.
영원히 사는 식물은 없어요.

그래, 결심했어.
난 결코 일곱 번째
곤충을 먹지 않을 거야.
그러면 저렇게
되진 않겠지.

파리지옥 집안 식충 식물은
다 그렇게 살다 죽어요.
마지막 곤충을
안 먹을 수는 없답니다.

천둥소리 씨는 오래 사니까
편하게 그런 말을 하죠.
난 이제 절대로 곤충을
먹지 않을 거라고요.
엄청나게 큰 곤충이 와도
절대 잎을 닫지 않을 거예요.
그냥 견딜 거예요.

나는 씩씩대며 말했어. 얼마나 힘주어
말을 했는지 잎이 부들부들 떨렸지.
흥분한 내 목소리를 듣고 수다쟁이가 물었어.

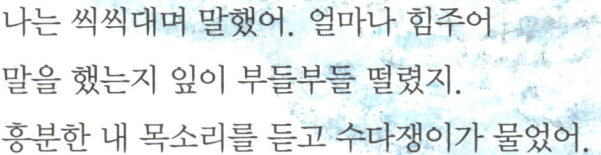

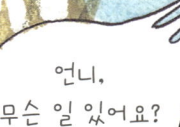
언니,
무슨 일 있어요?

수다쟁이가 나무 위로 제법 높이
올라갔는지 목소리가 아주 작게 들렸어.
왠지 슬픔이 밀려 왔어.

아무 일도 아니야. 너는 열심히
광합성이나 해. 튼튼한 잎을 만들어야
벌레가 와도 아무 일 없을 거 아니야.

고마워요, 언니.
언니는 여전히 예뻐요.
여기서도 다 보여요.

나는 수다쟁이가 또 한 번 부러웠어.
저 아이는 이제 쑥쑥 자라기만 하면 되잖아.
나는 시들 때가 다 되었고.
아, 슬퍼.

내 결심을 알았는지 곤충이 한 마리도 오지 않았어. 나는 점점 여위고 윤기를 잃어 갔지. 잎이 얇아지고 달콤한 즙도 조금밖에 나오지 않았어. 천둥소리가 말을 건 것은 내가 거의 정신을 잃을 때였어.

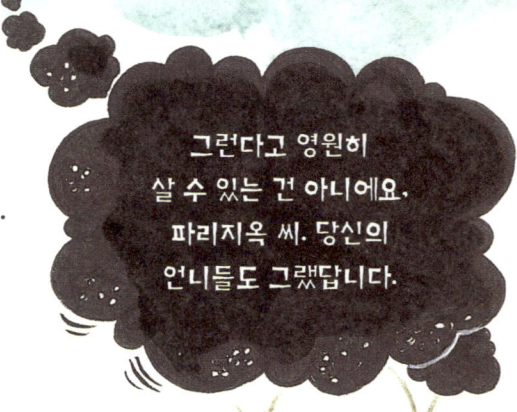

그런다고 영원히 살 수 있는 건 아니에요. 파리지옥 씨. 당신의 언니들도 그랬답니다.

언니들도요?

그래요. 당신 언니들도 일곱 번째 곤충을 먹지 않으려고 버텼어요. 하지만 결국은 먹었어요.

나는 있는 힘을 짜내서 물었어.

왜요? 배가 고파서요? 나는 한 번 결심한 것은 바꾸지 않아요.

천둥소리는 한동안 말이 없었어. 그러다 천천히 말했지.

언니들이 마지막 곤충을 먹은 이유는 따로 있어요.

그게 뭔데요?

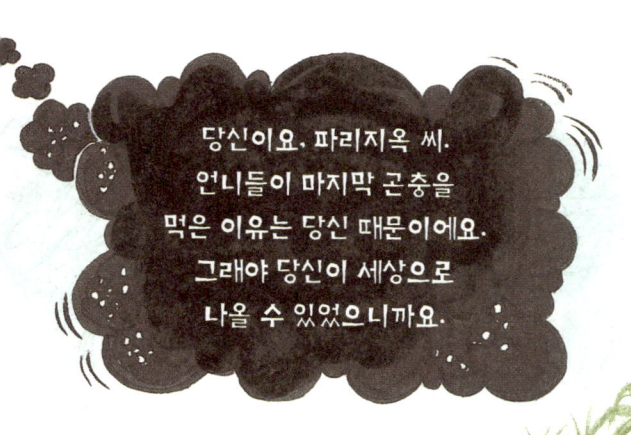

당신이요. 파리지옥 씨.
언니들이 마지막 곤충을
먹은 이유는 당신 때문이에요.
그래야 당신이 세상으로
나올 수 있었으니까요.

나……,
나 때문이라고?
나는 할 말을 잃었어.
나 때문이라니.

언니들이 굳은 결심을 깨고 마지막 곤충을 먹은 것이 나 때문이라고?
언니들이 먹은 곤충에서 얻은 양분으로 내가 자랄 수 있었다니.

나는 언제부터인가 내 뿌리에서 뭔가
자라고 있다는 것을 느끼고 있었어.
아주 오래전부터.
그것은 새로운 파리지옥이 될 싹이었어.
그것은…… 바로 내 동생…….

내가 먹을 일곱 번째 곤충은 날 위한 것이 아니었어.
동생에게 필요한 양분인 거야.
언니들도 그랬듯이 나는 시들어도 내 뿌리를 이어받을 누군가를
위해 마지막 곤충을 먹어야 하는 거였어. 그래, 먹어야 해.

저 멀리서 벌이 날아오는 소리가 들렸어.
벌은 어느 난 꽃에서 얻었는지 꽃가루를 잔뜩 묻히고 있었지.
난이라면 내가 유일하게 라이벌로 생각하는 꽃이야.
물론 나는 잎이고 난은 꽃이지. 그래도 우리는 공통점이 있어.
아름답단 말이지.
예쁜 색과 꿀로 곤충을 끌어들이는 것도 나랑 같아.
다른 점이 있다면 난은 곤충을 불러들이려고 미모와 꿀을
사용하지만 나는 잡아먹으려고 향기를 낸다는 거지.
곤충이 이 꽃에서 저 꽃으로 꽃가루를 옮기면 씨가 생겨.
씨가 생겨야 아기 난이 생기지.
그렇게 식물은 대를 이어 가는 거야.

나는 아무 미련 없이 잎을 닫았어.
이제 마지막이 될 이 느낌을 잘 기억하고 싶어.
나는 시들지만 내 뿌리는 살아 있어.

"우리 언니들은 어땠나요? 예뻤어요?"
나는 천둥소리 씨에게 물었어.
"예뻤지요. 이 밀림에서 유명한 공주병이었어요."
"내 동생에게도 내 이야기를 꼭 해 주셔야 해요."
"하하하. 언니들도 저에게 그런 부탁을 했답니다."
나를 기억해 주는 천둥소리 씨가 있어서 다행이야.

수다쟁이 잎도 튼튼하게 자랐지.
저 높은 곳에 있는 잎은 구멍이 뻥뻥 뚫렸어.
수다쟁이의 수다가 듣고 싶지만 이제는 그럴 수 없어.
15미터나 올라갔기 때문에 소리가 잘 들리지 않았거든.
며칠 전 수다쟁이가 말했어.
"언니, 밀림이 엄청나게 넓어요. 엄청나게 많은 잎들이 광합성을 해요.
광합성을 해서 설탕물을 만들면 찌꺼기로 산소가 나온대요.
언니, 그 말은 왜 안 해 줬어요? 그런데 더 놀라운 건 산소가 없으면
동물이 모두 죽는대요. 언니, 그거 알았어요?
파리지옥 언니, 언니가 잘 안 보여요."

물론 너무 멀리 있어서 아주 작게 들렸지.
천둥소리 씨는 다시 말 없는 나무가 되었어.
내 뿌리에서 나온 동생은 무럭무럭 커서
아주 예쁜 파리지옥이 되었단다.
나는 이제 기운이 없지만 정신은 아주 맑아.

툭 하고 무언가가 떨어졌어. 씨앗인가 봐.
씨앗이 말하기 시작했어.
"저는 씨앗이에요. 제가 자라면 잎에 구멍이 뚫린대요. 치즈처럼.
그런데 치즈가 뭐예요? 저는 하늘로 올라가야 돼요. 왜냐하면……."
얘가 누구 동생인지 금방 알 수 있었어.
"얘, 떠들지 말고 저쪽 나무 있는 데로 가. 안 그러면 구멍 뚫린 잎이고 뭐고 없어.
그리고 좀 조용히 해. 너희 언니도 말이 많더니 너도 그렇구나."
"고맙습니다. 할머니!"
아니, 이 어린 씨앗이 열받게 하네.
"할머니라니. 어쩌면 너는 네 언니랑 그렇게 똑같니?"

어린 씨앗은 내 동생과도 금방 친해졌어.
서로 친해진 것은 좋은데 너무 시끄러워.
내 동생과 씨앗은 이 밀림에서 새로운 삶을 이어 갈 거야.

참, 내 동생도 예쁘지만
내가 가장 아름답다는 걸 잊지 말아 줘.
내 이름은 파리지옥이야.
<u>호호호호~</u>

몬스테라 *Monstera tenuis* (치즈잎 또는 치즈풀)

몬스테라는 다 자란 커다란 잎에 스위스 에멘탈 치즈처럼 구멍이 뚫려 있다고 해서 치즈잎 또는 치즈풀이라 불리기도 한답니다. 열대 우림 지역에서 자라는 몬스테라는 햇빛을 보려고 키가 큰 나무 껍질에 붙어 기어 올라가요. 땅바닥에 있으면 키가 큰 나무들이 햇빛을 가려 쉽게 빛을 보기 어려우니까요.
땅에 떨어진 씨앗에서 나온 몬스테라 새싹은 씨앗에 있는 양분을 다 쓰기 전에 기어오를 나무를 찾아야 해요. 우리가 아는 다른 새싹은 햇빛을 찾아 움직이지만 몬스테라 새싹은 반대로 움직여요. 나무가 만드는 그늘을 찾아 뱀처럼 기어가는 거지요. 그러다 땅에 수직으로 솟은 나무를 만나면 그때부터는 햇빛을 찾아 올라가요.
처음에 생긴 잎은 작고 연약하지만 위로 갈수록 햇빛을 많이 받기 때문에 잎은 더욱 크고 두꺼워져요. 그렇게 15미터 이상 나무를 타고 올라가면 비로소 크고 아름다운 몬스테라 잎을 만든답니다. 만약 씨앗이 떨어진 곳에서 2미터 이내에 큰 나무가 없다면 이 씨앗에서 나온 싹은 죽고 말아요. 더 이상 기어갈 힘이 없기 때문이죠.
몬스테라는 커다란 나무의 양분을 빼앗는 것이 아니고 스스로 광합성을 하는 식물이기 때문에 기생식물은 아니랍니다. 몬스테라는 키가 큰 나무라면 무엇이든 가리지 않고 타고 올라가는 아주 적극적인 식물이에요.

열대 우림의 지붕을 이루는 나무들

열대 우림에는 키가 크고 늘 푸른 잎을 자랑하는 나무들이 있어요. 가구를 만드는 데 쓰는 마호가니, 티크 등은 30미터 이상 자라는 키가 매우 큰 나무들이죠. 이런 나무들은 키가 클 뿐 아니라 잎 또한 풍성하게 자라 열대 우림의 지붕 역할을 한답니다.
열대 지방에는 늘 뜨거운 햇빛이 내리쬐기 때문에 이렇게 큰 나무들이 만들어 주는 그늘은 다양한 동물의 집이 되기도 해요. 알록달록 색이 예쁘고 팔뚝만큼 큰 앵무새, 크기가 작은 다양한 새들, 작은 원숭이, 나무늘보 등이 나무의 서로 다른 구역에 살고 있어요.
나무 아래에는 강한 햇빛을 싫어하는 식물이 옹기종기 모여 있고, 나무뿌리에는 땅을 파고 사는 두더지와 쥐들이 살고 있지요. 그리고 다양한 곤충들이 나무 전체 구석구석 한 자리씩 차지하고 살고 있어요. 열대 우림의 지붕이 되어 주는 키가 큰 나무들이 없다면 몬스테라처럼 용감한 식물은 햇빛을 보기 힘들 거예요. 타고 올라갈 나무가 없으니까요.

글 이지유

서울대학교 사범대학 지구과학교육과에서 과학교육학을, 천문학과에서 천문학을 공부했습니다.
지금은 과학영재교육학 공부를 하고 있습니다.
외국에 가면 잊지 않고 찾는 곳이 바로 열대 식물원! 식물원에 가면 식물들이 말을 걸어오는 듯한
착각에 빠지다 어느새 식물들과 이야기를 나누고 있는 조금 이상한 사람이에요. 이런 방식으로
고양이와 이야기하는 것은 물론 멸종한 동물인 공룡, 사람들은 무생물로 알고 있는 화산,
우주와도 대화를 하는 엄청난 이야기꾼이랍니다.
이 이야기들을 모아 만든 책으로 〈별똥별 아줌마가 들려주는 우주 이야기〉
〈별똥별 아줌마가 들려주는 화산 이야기〉〈별똥별 아줌마가 들려주는 공룡 이야기〉
〈처음 읽는 우주의 역사〉〈우주를 누벼라〉〈별을 쏘는 사람들〉〈안녕, 여긴 천문대야!〉 등이 있습니다.

그림 김이랑

조그만 파리지옥 화분을 키울 때 비실거리면서 시들어 버린 이유를 몰랐던 무심한 일러스트레이터입니다.
도도한 파리지옥을 그리면서 이 친구들이 해 주는 이야기를 듣고 미안하다는 생각이 들었지만
열심히 그렸기 때문에 그래도 마음이 좀 가벼워졌어요.
지금까지 그린 책으로 〈그래도 나는 누나가 좋아〉〈앗! 모기다〉〈가족은 꼬옥 안아 주는 거야〉
〈쥐똥 선물〉〈명탐정 과학 수사 파일〉 등이 있습니다.